Isabel Meyrelles

Palavras Noturnas & outros poemas

Organização & prólogo
Floriano Martins

escrituras
São Paulo, 2006

© 2006 Isabel Meyrelles

Todos os direitos desta edição o foram cedidos à
Escrituras Editora e Distribuidora de Livros Ltda.
Rua Maestro Callia, 123 - Vila Mariana - 04012-100 São Paulo, SP
Telefax: (11) 5082-4190 - http://www.escrituras.com.br
e-mail: escrituras@escrituras.com.br

Coordenadores da Coleção Ponte Velha
Carlos Nejar (Brasil), António Osório (Portugal)

Editor Raimundo Gadelha
Coordenação editorial Camile Mendrot
Organização & prólogo Floriano Martins
Projeto gráfico Vaner Alaimo
Capa Vera Andrade
Ilustrações de capa & interiores Isabel Meyrelles
Revisão Denise Pasito Saú
Impressão Palas Athena

Dados Internacionais de Catalogação na Publicação (CIP)
(Câmara Brasileira do Livro, SP, Brasil)

Meyrelles, Isabel
  Palavras noturnas & outros poemas / Isabel Meirelles;
organização e prólogo Floriano Martins. --
São Paulo : Escrituras Editora,
2006. -- (Coleção ponte velha / coordenadores
Carlos Nejar, António Osório)

  ISBN 85-7531-227-8

  1. Poesia portuguesa 2. Poesia portuguesa -
História e crítica I. Martins, Floriano.
II. Nejar, Carlos. III. Osório, António.
IV. Título. V. Série.

06-7464   CDD-869.1

Índice para catálogo sistemático :
1. Poesia : Literatura portuguesa   869.1

*Agradecimentos: Ângela Andrade, Cruzeiro Seixas, Eclair Antonio Almeida Filho,
Eduardo Tomé, Emilienne Paoli, Galeria São Mamede (Lisboa), Perfecto E.
Cuadrado e Quasi Edições.*

Ministério da Cultura

Instituto Português do
Livro e das Bibliotecas

Sumário

Obrigado por vossa atenção. 5

Em voz baixa 11

Palavras noturnas 33

O rosto deserto 51

O livro do tigre 71

O mensageiro dos sonhos 105

Fortuna crítica 127
   Isabel Meyrelles no labirinto de seu museu dinâmico de
   metamorfoses. 127

   Isabel Meyrelles: o universo dos sonhos 136

Breve cronologia 139

Obrigado por vossa atenção

Desde o princípio, a poesia de Isabel Meyrelles (Matosinhos, 1929) sugere – independentemente de seu vínculo direto ou indireto com o Surrealismo – dois caminhos: uma muito peculiar trilha elegíaca e um namoro discreto com ludismo e imaginário popular, aqueles jogos sutis e tão fascinantes que despertam a leitura de poemas de Jacques Prévert, por exemplo. Em seu livro dedicado ao Surrealismo, Maria de Fátima Marinho anota que não se verifica nesta poesia, em suas primeiras produções, "uma influência surrealista muito nítida", em seguida realçando: "curiosamente, é num livro muito mais recente, de 1976, que Isabel Meyrelles apresenta mais elementos surrealistas".[1] A ensaísta refere-se a *Le livre du tigre*, o quarto livro da poeta que antes já havia publicado *Em voz baixa* (1951), *Palavras nocturnas* (1954), e *O rosto deserto* (1966). As metáforas transfiguradas vão surgindo aos poucos em sua poesia, é verdade, porém já as encontramos desde o primeiro livro, e a seu lado também se vão configurando e adensando outras características do surrealismo: o humor e a exaltação lírica.

Em um livro como *O rosto deserto*, existem inúmeros laços com o Surrealismo, em que o acento lírico fia uma colcha fulgurante de imagens sutis e refinadas. O mundo fabuloso de Isabel Meyrelles está mais afeito às adivinhações populares, cantigas provençais, contos de marinheiros, e a todo este universo recolhido dava-lhe matizes que se aproximavam daquele "entendimento com o inesperado" que evocava René Char. Não se trata aqui, de todo,

---

[1] *O Surrealismo em Portugal*, de Maria de Fátima Marinho. Imprensa Nacional/Casa da Moeda. Lisboa, 1987. Este livro, apesar de ser documento abrangente em torno do surrealismo português, encontra-se demasiado pautado por aspectos canônicos, não desvelando circunstâncias mais essenciais, peculiares, que melhor caracterizam a aventura do Surrealismo em Portugal. O comentário claramente equívoco sobre Isabel Meyrelles aqui aludido, por exemplo, é a única menção crítica a esta poeta no decorrer das 740 páginas desse livro.

apenas de mistério, mas antes de um jogo entre o misterioso e o ilusório, entre o vivido e o imaginado. Uma ligação que Isabel faz muito bem amparada pelo fulgor lírico e pela presença de um humor requintado. Tudo isto lhe garante a afinidade com o Surrealismo, mas, sobretudo, define uma poética bastante própria e jamais submissa aos reclames ortodoxos de parte alguma, oriundos das matrizes surrealistas francesas ou de seu cataclismo português, sem se perder no jogo suicida de quantos exijam, de tais ligações, que engendrem um personagem mais real que toda a realeza surrealista. Seu fluir poético, portanto, é naturalmente surrealista, desde sua primeira imagem.

Isabel Meyrelles muda-se para Paris em 1950, aos 21 anos de idade, onde reside até hoje. O francês é uma língua íntima e essencial para ela, que se tornaria tradutora de autores portugueses e brasileiros. Traduz obras de Herberto Sales, Jorge Amado, José Régio e Mário Cesariny de Vasconcelos. Sua paixão intensa pela ficção científica e pelo fantástico a leva a especializar-se no assunto e, em 1976, publica, em Lisboa, uma antologia intitulada *O sexo na moderna ficção científica*. No ano seguinte, organiza duas exposições em Portugal, dedicadas ao tema da criação artística na ficção científica. Dentre todos os surrealistas portugueses, sua identificação maior foi com Cruzeiro Seixas, com quem realizou exposições (1984 e 1996), tendo sido responsável pela compilação da obra poética deste imenso artista.[2] Da intensa afinidade com Cruzeiro Seixas resulta uma séria de esculturas de Isabel, criadas a partir dos desenhos de seu amigo.

Ao escrever sobre as esculturas de Isabel Meyrelles, disse Françoise Py que, apesar de seus motivos oníricos, elas resultam em objetos que são configurados por um rigor clássico.[3] Mas não deve mesmo haver contradição entre tais elementos. Idéias audaciosas ou discrepantes

---

[2] A compilação da obra poética de Cruzeiro Seixas, prevista para 5 volumes, vem sendo publicada pela Quasi Edições, desde 2002.
[3] Texto para catálogo da exposição "O universo dos sonhos". Galeria São Mamede. Lisboa, maio de 2004.

podem se perder, caso não encontrem um corpo com violência formal idêntica à de sua gema sonhada. É possível até mesmo falar em um rigor automático ou em um rigor onírico. O que há de mais autêntico nessa escultora-poeta, que não teme o confronto com essas contradições, é a maneira como recorta as diversas texturas do mundo à sua volta e lhes dá uma deslumbrante conotação fabular. Não é que tudo ali seja fábula, mas antes, que o fabuloso está presente em todos os momentos evocados por sua obra, poesia e escultura. Em todo momento nos lembra: o imaginário é parte de nossa vida. Vem daí, decerto, que se valha, na poesia, da cumplicidade com tigres e espelhos, sobretudo em *O livro do tigre* e *O mensageiro dos sonhos*. Apóia-se no bestiário fantástico que já desenvolve plenamente em suas esculturas e no desdobramento de imagens, no jogo lúdico que os espelhos permitem. Por ali passam Blake, Borges, Carroll, mas também as canções de amigo, o livro da criação, as declinações desconcertantes da memória... Nenhum labirinto é digno de seu nome, se não traz em suas entranhas um minotauro.

E não se pense que é possível adentrar este mundo prodigioso de Isabel Meyrelles sem a cumplicidade do humor, em seu caso um humor engenhoso, finíssimo, com imagens que evocam "uma máscara que tem um ar tão verdadeiro / que toda a gente se engana" ou "prisioneiros de uma gaiola aberta". Humor que se alimenta de uma mesma fonte de paradoxos, porém sem se resumir a simples pilhéria ou tirada jocosa. Um humor que não se limita a arruinar um plantel de conveniências sociais, mas sim que se mostra como um abismo ante os dilemas da resignação. É um ousado ponto de partida, quase de todo impalpável, que nos põe em contato com o que há de mais verdadeiro em nós e que, por abandono de nossa força de vontade, tornamos impossível. Há aqui aquele entendimento do riso, que defendia Georges Bataille, o que me lembra uma passagem de *Le coupable* [4] que bem poderíamos encontrar em um poema de Isabel: "o homem é sempre uma danaide esgotada".

---

[4] Le coupable. L'Alléluiah, de Georges Bataille. Editions Gallimard. Paris, 1973.

É naturalmente aquele mesmo sentido de humor que levou Mário Cesariny a perceber "uma revolução que a revolução não quer". Referia-se então ao amor ("o prazer da descoberta, o sentido de uma vida exaltada e exaltante")[5], porém o motivo pode passar de um ponto a outro, ser deslocado ou aventurar-se em outros abismos. Em qualquer caso se sabe que ao fechar as cortinas saímos da sala com as mãos vazias. Este é o grande espetáculo da existência. A poesia de Isabel Meyrelles o traz constantemente à memória. Referi-me inicialmente a Prévert pela proximidade entre ambos no que diz respeito a pequenas tiradas de humor atento ao imaginário popular. Não há em sua poesia a dessacralização enfática do real, que encontramos em Hans Arp, por exemplo. Há, sim, uma desconfiança criadora que, em todo momento, manifesta sua crença em um mundo possível. A mesma sintonia que encontramos em Cruzeiro Seixas.[6]

Na escultura, verifica-se o mesmo sentido de humor. Uma dessacralização constante de todos os restritivos aspectos canônicos a que nos acomodamos. Matéria, onde permaneces, onde repercutes? Desabrigar-nos é uma nobre função da arte, que jamais deve indicar caminhos, mas, antes, pôr em dúvida todo e qualquer caminho. Este é o grande vetor da revolução surrealista. Se não foi levado a termo, em alguns casos, por signatários do movimento, não cabe anular as forças – em benquista diversidade – empenhadas em tal empresa. Tem sido imensa a contribuição de Isabel Meyrelles neste sentido.

Teremos, afinal, a oportunidade de ler as esculturas e ver os poemas. Há sutilezas nas duas linguagens, que parecem

---

[5] Trata-se de resposta a *Rien o quoi?* (Paris, 1970), questionário preparado por Vincent Bounoure sobre atualidade do Surrealismo como atividade grupal. Cesariny faz este comentário lúcido e provocativo a partir do tema cadáver-esquisito, que se aplica ao nosso assunto: "Verdadeiramente, o primeiro 'cadáver-esquisito', o primeiro texto escrito a dois, os primeiros protestos coletivos – há quanto tempo já? – são o germe de uma revolução que a revolução não quer: o amor, o prazer da descoberta, o sentido de uma vida exaltada e exaltante – nada de semelhante pode se encontrar nos programas revolucionários oficiais. Não sabemos sequer se um dia tais programas quererão dar conta dos 'cadáveres-esquisitos' da nossa existência."
[6] Sugestão de leitura: *Homenagem à realidade*, de Cruzeiro Seixas [org. Floriano Martins]. Escrituras Editora. São Paulo, 2005.

mais perceptíveis quando as conhecemos em igual medida. A comparação denuncia uma subversão de equivalências, sim, porém, aqueles aspectos já mencionados, o requinte do humor e a intensidade lírica, expressam uma intimidade tal que certamente deliciará quem venha a confrontar as duas linguagens, sem jamais esquecer o agudo lembrete de um de seus poemas: "Atenção ao degrau, / um bom passageiro / é um passageiro morto".

Floriano Martins

EM VOZ BAIXA
1951

À Natalia

O que só com as mãos pode ser soletrado
só nos teus olhos nos teus olhos escrito

Mário Cesariny de Vasconcelos

Como sempre,
passas inexorável e distante
sem me veres.
Como sempre,
olho aquele ponto vago
acima do teu rosto
e, como sempre,
penso: amanhã... talvez amanhã...
e olho as tuas costas que se afastam
como sempre.

1º MADRIGAL

Tenho chorado por ti
As lágrimas deslizam
e eu, como um ladrão,
bebo-as sequiosamente
porque elas são tuas,
meu amor.

Hoje,
senti que estava diferente
e fui olhar-me no lago.
Um cisne passou,
uma folha voou,
só tu ficaste, amor,
no meu rosto curvado sobre a água.

À MANEIRA DE...

A tua boca tem a frescura
das coisas desconhecidas.
Quando me beijas,
não sei se sou sombra, flor
ou a manhã que rompeu...

Tinha chovido, havia estrelas
brilhando pelas calçadas.
Eu olhava o teu rosto, os teus olhos,
e mudamente te perguntava…
Depois, a paz estilhaçou-se
em movimento,
e eu tudo esqueci.
Então o silêncio voltou.

2º MADRIGAL

Quis dar em versos
a dor da tua ausência;
mas depois vi que vivias dentro de mim
eu é que tinha partido.

Eu morrerei.
E nos outros serei a recordação
dum grande pássaro selvagem
que bateu as asas
longamente...
longamente...
Enquanto se ouvir
o eco das minhas asas,
terei a vida das aves.

Amor, que fizeste da minha cidade?
Das casas
já não resta pedra sobre pedra,
pelas ruas crescem as urtigas
e os corvos,
estes, planam sobre o areal
donde o mar se retirou,
onde os peixes morrem,
espaçadamente.

Gritei o teu nome
no alto do monte,
gritei-o, gritei-o
para o horizonte.

Gritei o teu nome
nas asas do vento
e ele vibrou, vibrou
como um acalento.

Gritei o teu nome
e como as gaivotas,
ele partir, partiu
p'ra terras remotas.

Gritei o teu nome
gritei-o a chorar
e ele desfez-se, desfez-se
nas ondas do mar.

Gritei o teu nome,
gritei-o por fim
até encontrá-lo, encontrá-lo
bem dentro de mim.

Os meus olhos
olham os meus olhos.
Para lá da janela
há sombras
suspiros
árvores e rosas.
Dentro da janela,
só os meus olhos
olhando outros olhos encobertos
… … … … … … …
O silêncio pesa.

Nas claras tardes de Verão
em que as árvores têm uma nitidez de desenho à pena,
há um silêncio de expectativa,
como se uma pedra tivesse parado no ar
ou uma fonte deixasse de correr,
nas claras tardes de Verão.
… … … … … …
Apenas as rosas vermelhas
continuam sendo
umas simples rosas vermelhas.

3º MADRIGAL

Só porque tu adormeceste, meu amor,
o dia, de tristeza, anoiteceu...

FRAGMENTOS

I

… … … … … … …
Os nossos corpos,
curvas brancas lutando contra o vento…
… … … … … … …

II

… … … … … … …
Só tu conheces
o sorriso molhado dos meus olhos,
dos meus olhos onde há perguntas mudas
boiando como folhas
eternamente esperando.

III

Ainda e sempre eu canto a alegria
de partir da tua boca
para o fundo do mar…

IV

… … … … … … … …
E tu que vens,
linha de sombra no tronco das estátuas,
imagem vista à transparência
dos cristais facetados
dos olhos que te esperam.
… … … … … … …

V

Como se eu fosse só este corpo vazio
deitado na praia deserta
e desesperada.

Dias há,
em que o teu sorriso
é uma ilha perdida dentro de mim
e o teu nome
o vento que muda as estrelas
para o dorso das andorinhas.
Dias há,
em que procuro os teus olhos
e silenciosamente te digo "meu amor",
como se eles fossem peixes
e as palavras animais estranhos
capazes de turvar a paz
das grandes profundidades.

4º MADRIGAL

Possa eu dizer-te "Meu Amor"
sem que o teu rosto
cante selvaticamente dentro de mim.
Possa eu dizer-te "Meu Amor"
sem que o teu nome saia da minha boca
como um grito de morte.
Possa eu dizer-te "Meu Amor"
e não acreditar que o infinito
está do outro lado da curva dos teus olhos.

Há o teu rosto lá fora
batendo loucamente contra o vidro,
há uma mão no bolso
apertando sempre e sempre o teu retrato
e há a noite
a noite que amanheceu
à tua espera.

JARDIN DU LUXEMBOURG

As crianças eram apenas
máquinas de gritar
quando escrevi o teu nome no chão
e me vim embora.

Voltei-me para ti
como os cegos se voltam para o sol.
E nem ao menos as tuas mãos
me responderam…

Apenas te posso dizer
que sou aquela que te perdeu e te encontrou
no fundo do mar
no fundo do mar
onde repousa
o contorno exato do teu rosto,
entre algas e as minhas mãos.

5º MADRIGAL

Os longos dias e as longas noites
em que só tu existes
OBSESSIVAMENTE...

PALAVRAS NOTURNAS
1954

"... me font rire pleurer rire
Parler sans avoir rien a dire"

Paul Eluard

Palavras noturnas
murmuradas
palavras como borboletas
ofuscadas
palavras de amor
afogadas
na madrugada nascente

Angústia clara
de cinzas dispersas
esta mesa taça copos
e o teu rosto do outro lado
longe longe

As tuas mãos
peixes opacos
perdidos no fumo do cigarro
do outro lado

longe longe

do outro lado

Em águas profundas
o silêncio do teu rosto
afunda palavras
flores perdidas
na calma parada
Docemente o sol
nasce nas minhas mãos

Se alguém hoje te beijar
esse alguém tem a minha boca
eu serei todos os rostos
de olhos ávidos
serei a própria noite
que te apertará a garganta
como um assassino
até que a manhã te leve e te adormeça
longe de mim

Encontros que não marcaste
em ruas que desconheces
eu esperarei
até que as noites deslizem
sobre mim e eu fique transformada
em árvore

Eu hei-de ser um dia
para ti
espuma e vento
e talvez uns olhos fechados
Mais tarde
apenas uma curva indecisa
na noite

Mais uma vez
o tempo estilhaça-se
nas minhas mãos
mais uma vez
tu serás o silêncio
à minha volta

Esquecer
o rumor de pinheiro
do teu cabelo
e os teus olhos
de pedras negras
Esquecer
estes dias petrificados
longe de ti

Eu serei água
água verde
parada
opaca
e estagnada
Eu serei água
onde só tu poderás
reflectir-te
mais nada

CAFÉ DU DÉPART, I

Minutos
nítidos e redondos
como gotas de água
Minutos.
Quando chegares
as palavras
estarão vazias de sentido

CAFÉ DU DÉPART, II

Eis que chegaste
E cada coisa
recomeçou
o gesto interrompido

Presença afogada
entre pinheiros d'areia
e espuma noturna
presença afogada
na praia deserta
do fundo do mar

Há um pedaço de mim
que te adivinha
em todas as ruas
O teu nome substitui
a rosa dos ventos
em cada encruzilhada
Todo o meu sangue
quer encontrar o teu caminho
Procuro-te
e espádua contra espádua
nunca nos encontraremos

Árvores de outono
fechadas sobre mim
folhas de outono
enterradas nos meus olhos
terra de outono
donde tu surgirás
como um jovem pássaro
livremente

CAFÉ DU DÉPART, III

Espero-te
e todos os espelhos
se quebram
vazios de ti

Sou um grito de pássaro
morto nas tuas mãos

Deixaste que as gaivotas
me mostrassem
as luzes afogadas da cidade
e o secreto jardim
Agora posso partir

ÎLE ST. LOUIS

Farei do silêncio
uma proa de barco
da tua ausência um rio
d'árvores afogadas

O ROSTO DESERTO[7]
1966

Todos os poetas fazem versos.
Não eu.
A minha máquina de fabricar palavras
utiliza um alfabeto protoplásmico
que reproduz a tua imagem
incansavelmente
assim eu digo
é tempo que tu partas
e me deixas fazer poemas
como toda gente.

---

[7]Escrito originalmente em francês, e traduzido ao português por Natália Correia.

ADIVINHA

É uma mesa negra e vazia
uma cadeira corcel expectante
é o tempo com passos de mosca
és tu meu círculo perfeito.

Gostava de levar
a sensibilidade a tiracolo,
esta máquina fotográfica
do poeta com ciúmes,
retratar a esfolada viva
sangrando de preferência em versos
coroada em Minotauro

Entre o unicórnio e tu
o espaço de um grito
cega procura
do teu corpo
no interior de ti
tu meu amor
espaço entre unicórnio
e eu

I

Entre nós
os dias
manchas de tinta
no espaço de uma rosa
no tempo de uma vaga
nas nossas peles
separadas
em nós
amor
rio adverso.

II

Basta que eu parta
para que sejas
o caminho
a bússola
que me atrai fora do tempo,
o ímã,
espada inevitável,
que me entrega a ti
chave do mar.

III

Não serei mais que a sombra
o pássaro
na areia vazia
a flecha
que dá a volta ao mundo
para cair de novo a teus pés.

IV

Escondida em minha pele
vejo-te ir e voltar
rodopiando,
o que chamas viver.
Escondida em minha pele
vejo-te arder
impiedosamente,
vejo esta morte
que em mim trago
e espero.

V

Apagarei
tua memória,
com os pincéis do vazio
linha a linha apagarei o meu amor,
com os outros
todos os outros
levantarei
uma muralha
de esquecimento.
Só então te inventarei
peça a peça.

Toma-se um corpo de 36 anos
dois olhos cor de granito
alguns momentos de prazer
e aquece-se a fogo brando na cabeça;
junta-se em seguida uma onça de angústia
uma casca de insônia
dois bons quilos de desperdícios
e um poeta amoroso.
Mata-se, salga-se, apimenta-se,
e serve-se guarnecido de eternas saudades.

Comboios de palavras
nos caminhos incertos
do poema
palavras vermelho sangue
palavras seda
palavras transparentes
palavras pedras
palavras
palavras
palavras
assim
não mais diremos.

O RETRATO DO MARINHEIRO

I

Os olhos são cinzentos,
palhetados de negro,
o ciúme os pinta
de um verde azul boreal
o nariz é curto
as maçãs eslavas
os lábios cheios.
Nos dias em que mais seduz
ri muito e forma
três rugas no canto da boca.

O MARINHEIRO VIAJA

II

O olhar é rápido.
Os dedos longos bronzeados,
os nós um pouco salientes,
agarram ou recusam
mas não tocam.
Quando ele chega
bebe café
fuma cigarros
e para se mostrar senhor do tempo
lava os cabelos.

O MARINHEIRO DESCANSA

III

Vistam-lhe um fato de banho,
estendam-no na praia
acendam-lhe um cigarro
e contem-lhe uma história:
depois sentem-se a seu lado
e olhem-no longamente:
o marinheiro descansa.

O MARINHEIRO EM TERRA

IV

O Havre era azul de sol.
(Cinzento só havia nos teus olhos
e na torre radar.)
Grandes barcos
deixavam tranquilamente
o porto,
iam todos para o Brasil.
Na praia, seixos desconfortáveis
e o teu corpo imóvel
junto ao meu;
ocultos pelas crianças
e pelos transistores
os outros.
O teu corpo tinha um gosto salgado
de lágrimas recolhidas
um paladar de saudade
a areia rangia entre os meus dentes.
À noite fomos ao cinema.
Na avenida ao alto
as árvores estavam fechadas à chave
como os assassinos
e os marinheiros rebeldes.
Em baixo
o molhe cercava cegamente o mar.
Toda a noite
ouvimos as sereias.

O MARINHEIRO NÃO SABE

V

Todos os dias
partes um pouco
(sempre em teus olhos sopra
o vento do largo),
sem te voltares
para estas margens
de pedra e alcatrão,
este cais sem oceano
onde te peço:
volta depressa marinheiro.

O MARINHEIRO PARTIU

VI

Partiste
o punhal deixou
a sua ferida
agora
vazio
cinza
ausência
areias movediças
agora
armadilha de sombra
recordação de sombra
agora
espada de sombra
espada
para sempre
enterrada.

X. é um poeta
com medo das palavras
que se escondem nos cantos mais
escuros da cabeça,
medo de palavras
com seu ventre de abelha
sua boca deliciosamente ávida
que murmura no escuro
tu tu   tu   tu   tu...
palavras que devoram
X. o poeta.

Subitamente a flecha da paixão
enterra-se em seu peito.
Se quiser ver-se livre dela, atenção!
Entorne um tudo nada de gente
na garganta apertada,
para o contraído estômago
atire pratadas de seios
sexos pernas e ventres,
se o coração bate ao ritmo morte-vida
faça-lhe dizer por exemplo: belo dia!
Se os seus pulmões estão viciados pelas noites brancas
dê-lhes o vento fresco das noites escuras.
Na chaga aberta pela flecha da paixão
flutua a angústia com suas longas asas cinzentas,
faça uma bola e escarre-a
naquele que a ama sem esperança.
Mas se não se quiser curar
não faça absolutamente nada:
asseguro-lhe
que emagrecerá rapidamente.

É perigoso debruçar-se
na janela dos fantasmas!
Podes encontrar o lobisomem
ou Erzsébet a sangrenta
podes também encontrar-me
e o meu suntuoso cortejo de carícias
ou posso eu encontrar-te
(serás então de âmbar e nevoeiro).
Qual de nós
saberá então
reconhecer os fantasmas?

Tu já me arrumaste no armário dos restos
eu já te guardei na gaveta dos corpos perdidos
e das nossas memórias começamos a varrer
as pequenas gotas de felicidade
que já fomos.
Mas no tempo subjetivo,
tu és ainda o meu relógio de vento,
a minha máquina aceleradora de sangue,
e por quanto tempo ainda
as minhas mãos serão para ti
o noturno passeio do gato no telhado?

A Mário Cesariny de Vasconcelos

Não, meu amigo, a realidade
partiu a corda,
e de forma alguma agradece
ser a nossa espada cotidiana
o bife mal passado
sobre a bomba *aux champignons*.
Fatigada fatigada
tão fatigada de nós todos!
Mesmo tu, meu amor,
a roda do universo,
tu que eu fiz de plumas e silêncio,
tu minha noite cintilante,
a realidade fatigou-se de ti.

Paris, 1966

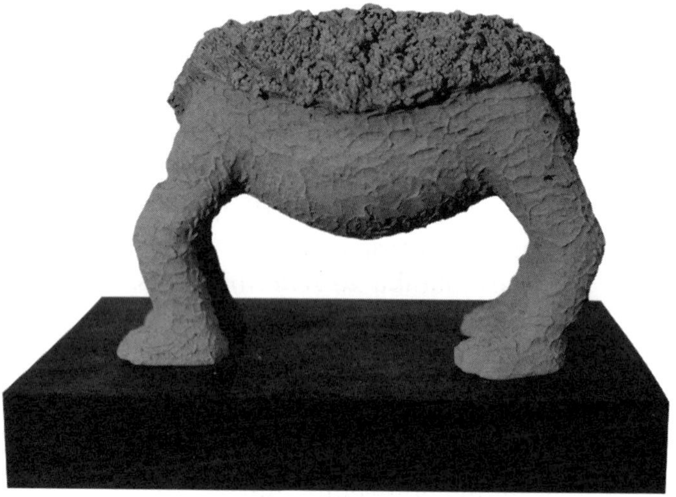

O LIVRO DO TIGRE[8]
1976

Tyger, tyger, burning bright
in the forest of the night,
what immortal hand or eye
could frame thy fearful symmetry?
....

William Blake

TIGRE TIGRE...

Ágil,
esbelto,
sinuoso,
sibarítico
sultão das tardes
sedosas, de
súbito
sedicioso
sedutor
secretamente
satânico,
suntuoso
feiticeiro afundando
sutilmente
as minhas fontes,
selvagem rei açafroado
estriado de negro,

---

[a]Escrito originalmente em francês, *Le livre du Tigre*, e traduzido ao português pela própria Isabel Meyrelles.

saboreio o teu
soberbo rugido,
supremo devastador do
silêncio e
submeto-me
serenamente
à tua lei, ó
solitário
senhor de
sombria beleza.

Existe em Lisboa
uma máquina cruel
que permanentemente aguça
os dentes virtuais
na alma indecisa
dos pobres mortais.
Esta máquina excepcional
tritura
esmaga
sacode
revolve
molda
anula
e expulsa
o quê?
Capachos.

Dir-te-ei durante o passeio a Fomalhaut
dir-te-ei vermelho sobre cinzento
dir-te-ei na linguagem das flores (por que não?)
dir-te-ei que aqui ou noutro sítio
dir-te-ei que noutro sítio ou aqui...
dir-te-ei que a chave quer voltar para casa
dir-te-ei que o presente é por demais evidente
dir-te-ei que há coisas mais importantes
dir-te-ei que não gosto do telefone
dir-te-ei que pois pois... um perfeito esquecimento...
dir-te-ei que não quero mais angústia depois das 6
dir-te-ei que nunca ninguém tanto
dir-te-ei que não é assim tão difícil
dir-te-ei que a minha águia pensa em ti
dir-te-ei que a minha morte já não se sente tão sozinha
dir-te-ei: não digas à orelha o que a mão conhece
dir-me-ei: às lágrimas, cidadã!
e que o tempo impuro dessedente os abertos sulcos!

UN AUTRE VOYAGE D'ALICE DE L'AUTRE CÔTE DU MIROIR[9]

....
Beware the Jabberwock, my son!
The jaws that byte, the claws that match!
Beware the Jubjub bird, and Sun
The frumious Bandersnatch!
....

Lewis Carrol

Alice recontre le Jabernichon
qui lui dit: prends garde au Bandernuit!
Prends garde à ses mains slictueuses,
à sa langue vriblante!
Il veut te bournifler, te gridoter ta trilite,
te faire bourbiouter à gouille et à gnouille
et pouvoir enfin se barigouler à son aise!
Mais de Bandernuit, le frumieux Bandernuit,
timidifié, n'a pas osé s'arraper
et ruginiflant de suffêches pensées,
reste seul au coeur de la nuit,
seul avec sa faim inassouvie.

---

[9]Poema escrito originalmente em francês, considerado intraduzível pela autora.

Pobre poeta, andas à caça das palavras
e são elas que te caçam a ti,
bem podes armar-lhes ciladas,
és sempre tu que cais na armadilha,
a tua caçadeira teu mau olhado,
a tua caçadeira atira para os cantos,
a tua caçadeira atira no verso branco,
a tua caçadeira atiras nos acrósticos
e mata os caligramas,
guarda a tua armadilha,
a tua caça cospe-te no olho,
vai antes caçar furtivamente
nas propriedades do teu feliz vizinho,
o poeta que sabe caçar
o pássaro azul.

Do outro lado do sonho
a memória tem olhos facetados
(mil imagens de ti por segundo)
e a raiz quadrada do coração
não é aquela que julgas.
Do outro lado do sonho
as verdades levam uns chapeuzinhos verdes
muito engraçados e balouçam-se
nas agulhas do relógio de Deus.
Do outro lado do sonho
O tempo é uma centopéia sem cabeça
Que caminha sobre um espelho invertido
E a morte uma figurinha em maçapão
Vestida com um poncho peruano.
Do lado de cá do sonho
a Fênix alisa as penas
e ri estupidamente.

Libertei os demônios,
é inútil que se escondam
atrás da fonte cor-de-rosa
do Jardim das Delícias,
sei que estão lá,
de nada serve atravessar
este mar encristado de cavalos selvagens,
a praia terá dentes
e dedos de enxofre e de sal,
as armadilhas-para-sonhos já levantam
as cabeças de arestas petrificadas
e o tempo, o tempo, esse,
penteia os seus cabelos de areia negra
e alimenta-se do meu desejo de ti.

Gosto de ver as minhas mãos
sonhar contigo,
sonhar os meandros
mais secretos
do teu corpo
floresta e armadilha,
fonte e bramido

Gosto de ver as minhas mãos
sonhar contigo,
entrelaçadas, adormecidas,
recriando o peito,
as espáduas, o ventre,
as coxas, o sexo,
amazônia interior

Gosto de ver as minhas mãos
sonhar contigo,
por vezes um único dedo
desenha no ar
os olhos, a boca, o cabelo,
estrela negra
que só eu conheço

Gosto de ver as minhas mãos
sonhar contigo,
sonhar esta travessia do espelho
de reflexos infindos
que é a minha recordação de ti.
Aliás, que outra coisa
podem elas fazer?

Há poetas bexigas
poetas lanternas
poetas monumentos históricos
poetas coveiros
poetas malabaristas
poetas carteiristas
poetas amantes das letras
poetas antiquários
poetas abajur
poetas fogo de lenha
poetas intraduzíveis
poetas lagópodes
poetas arpoadores
poetas arco-íris
poetas coxos
poetas rodriguinhos
poetas bufarinheiros
e há também poetas maravilhosos.
Eu sou um poeta trapaceiro:
em toda a parte escrevo – adoro-te –
depois junto alguns pós de perlimpimpim
e um pouco de magia e o que se lê
é totalmente diferente.
Não é assim?
Não é assim?
Não é assim?

GÊNESE XXII, 9-18

Sucedeu que Jeová
quis experimentar o poeta.
Chamou-o e disse-lhe:
"Pega num poema
em verso branco sem mácula
com um ano de idade no máximo,
o teu único, o teu preferido,
aquele que tu guardas, desconhecido de todos
no segredo do teu coração,
e oferece-o em holocausto
no cinzeiro que eu te direi".
O poeta levantou-se de madrugada
e procurou o cinzeiro propiciatório.
Ao terceiro dia levantou os olhos
e viu o cinzeiro do sacrifício.
Desdobrou o poema e preparou os fósforos
para oferecer um holocausto pelo fogo,
perfume agradável a Jeová.
Mas Jeová disse-lhe:
"Poeta, poeta, por que me mentiste?
Há alguém mais que conhece esse poema."
– "Senhor Deus Jeová não te menti,
a única pessoa que o leu foi a minha amada
e nós somos como as duas metades da laranja,
fazemos um só corpo."
Então Jeová chamou o poeta pela terceira vez
e disse: "Por mim próprio jurei – oráculo de Jeová –
que já que não me recusaste
o teu poema, o teu preferido,

eu abençoarei e multiplicarei
o significante e o significado dos teus poemas
como as estrelas do céu
e as areias do mar".
E o poeta louvou o Senhor
e retomou em paz a esferográfica.

O que sou para ti?
Um cantinho de *muguet*?
A Torre Eiffel?
Um pássaro em ramo verde?
Ou um fantasma elegante?

O amor entrou dentro de mim
por arrombamento, contra a minha vontade.
Sinto-me invadida, devassada, afogada!
Este fedelho julga que pode fazer o que quiser
mas está completamente enganado,
hei-de arranjar maneira de me livrar
desta espécie de anjinho vira-lata,
vou armar especialmente para ele
ratoeiras labirintiformes
com memória circular,
vou fazê-lo devorar pelo Minotauro,
pedir ajuda aos marcianos verdes,
fazer-me exorcizar pela abade da esquina
ou pedir um conjuro à feiticeira de serviço,
enfim, qualquer coisa, o que quero sobretudo
é que ele seja esmagado, esfolado, dilacerado,
esquartejado, empalado, apedrejado, supliciado,
reduzido a pó,
quero que este andrajoso querubim
saia completamente da minha vida e me deixe em paz.
Nunca desconfiarei suficientemente do amor.
Que filho da mãe!

Era uma vez um tigre
todo enroscado
em cima duma cama desfeita
e que rugia tanto
que os cortinados esvoaçavam
como velas de barcos
e que três moscas
que andavam por ali
a tratar da vida

morreram com um ataque cardíaco.
Uma fada que passou na altura
comovida pela sombria beleza
do terrível senhor, disse-lhe:
"Pede-me três coisas
e eu dar-te-ei satisfação,
mas primeiro estende-te ao comprido
para que eu possa assegurar-me
que tu não és um tigre de papel".
– "Em verdade te digo
que anda tudo maluco
e tu mais que todos os outros"
respondeu o tigre
estirando-se preguiçosamente.
"Mas já que insistes,
eis os meus dois primeiros desejos:
que não me beijem as orelhas
nem que me acariciem as costas.
Quanto ao meu terceiro desejo,
É que eu gostaria de saber
Que sabor tem uma fada."
E comeu-a.

Moralidade: mais vale um tigre na cama
que uma (boa) fada (um tanto) doida.

CANTIGA DE AMIGO

Ai Deus, se o meu senhor tigre soubesse
como o tempo longe dele passa devagar,
viria ele?

Ai Deus, se soubesse que os meus olhos estão tristes
porque partiu para longe de mim,
viria ele?

Ai Deus, se soubesse que tenho o coração ferido
porque o não vejo chegar,
viria ele?

Ai Deus, se o meu amado soubesse que só vivo
para esperar o seu regresso,
viria ele?

Ai Deus, se soubesse que já perdi a esperança
de tanto o chamar em vão,
viria ele?

Ai Deus, se o meu senhor soubesse como o adoro
e que a sua ausência me vai aos poucos matando,
viria ele?

CARTA AOS MESTRES DA GALÁXIA

Num cantinho perdido do Cosmos
(no setor de Sírio)
existe um planeta insignificante
que gira sem problemas
há alguns milhões de anos.
Este planeta,
digo-vos desde já,
sou eu.
Eu girava, portanto,
quando um belo dia
recebo a visita, bastante inesperada,
dum astronauta do Planeta Tigris
e vejo aparecer
"ágil,
esbelto,
sinuoso,
solitário
senhor de
sombria beleza"
(cito de memória um poeta que vive
para os lados do setor Alfa Centauro)
o mais belo astronauta do mundo.
Para vos dizer tudo e por muito que isso me custe,
apaixonei-me doidamente por ele.
Sei que isso não acontece facilmente aos planetas
(penso sobretudo que já não tenho idade
para estas loucuras) e é por isso
que vos escrevo, pedindo-vos conselho,
a vós que sois os Mestres da Sabedoria:
O que devo fazer?

Hoje, para mudar
as minhas idéias sombrias
decidi meter o meu nariz patrício,
o meu nariz sino-judaico-cristão
na vida de outra pessoa que eu
e escolhi para vítima
um prisioneiro que tenho na cabeça
fechado a sete chaves,
bem algemado
e ainda por cima amordaçado.
Imaginem que este jovem doidivanas
queria escrever poemas em meu lugar
onde não falava senão de lágrimas e suspiros,
de amores infelizes,
de "Poète, prends ton luth"[10] etc.
estes gritos dilacerantes, bastante piegas,
de uma alma posta a nu
não podiam ser mais ridículos
e foi por isso que me vi obrigada
a prendê-lo e amordaçá-lo
para o impedir de espalhar
as tripas sobre o papel.
Este gênero de asneiras
pode causar problemas
a um poeta sério como eu,
orgulhoso dos seus direitos
e da sua linha dura.

---

[10] Verso de Alfred de Musset.

EROS 2000

Sou um *cyborg*,
um produto acabado
da sociedade de consumo,
o meu corpo em *solidarium*
e à prova de tudo,
o meu cérebro positrônico
possui bancos de memória
que utilizam fitas de supressão incorporadas
e outros dispositivos extremamente seletivos,
os poucos órgãos de carne
que ainda tenho foram reforçados
com *indiferencium*,
as minhas mãos podem agarrar o inatingível
e os meus pés andar sobre as nuvens,
mas aqueles que me criaram
não me disseram como me proteger
de um ser estranho que encontrei
(onde? quando? como?)
um adolescente nu, alado,
trazendo um arco e flechas
e que sem prevenir
me acertou com uma,
ferindo-me no coração.
Como é possível que uma flecha
atravesse uma pele em *solidarium*,
uma pele capaz de resistir
aos tremores de terra
e aos maus encontros?
Aliás acho que uma flecha
tem qualquer coisa de pós-atômico,
se ao menos fosse um *laser* ou uma Kalashnikov!
E desde então
uma doença esquisita

envenenou-me o sangue,
o meu cérebro delira
e faz poemas sem pés nem cabeça,
as minhas mãos e os meus pés
estão tão mortos
como os sonhos ancestrais
e o meu coração tornou-se
um país inquietante e secreto
habitado por fantasmas.
Agora sou um *cyborg*
desconjuntado, transtornado, à deriva,
agora posso dizer que sou
um produto completamente acabado
da sociedade de consumo.

O COMPLEXO DO ARMÁRIO

Se é infeliz,
insone, angustiado,
cardíaco, dipsomaníaco,
melancólico
ou hipocondríaco,
se anda deprimido
pelo tempo morto dos sonhos
e se acredita
que um na mão
vale mais
que dois a voar,
faça como eu:
arranje um armário.
O meu tem proteção
contra o nevoeiro, as traças,
a amnésia,
possui o tudo-é-d'esgo(s)to,
ar condicionado
e muros acolchoados
para cabeças sensíveis.
Previ também
uns ganchos no teto
para o excedente dos bolsos:
óculos, amores mortos,
sapatos velhos,
casa dos antepassados
e várias outras coisas
de que não direi o nome.
Para as horas de ócio,
escolhi um pedaço de mar,
a Biblioteca de Babel,
a praça St. Germain dês Pres
às 5 da manhã

e uma floresta do Plistoceno
com inúmeros mamutes
e macairódus,
sem esquecer o fundo sonoro *ad hoc*,
rugidos, uivos
e barridos extremamente típicos.
Muito repousante.
Experimente
e depois diga se gostou.

O silêncio está pavimentado de muros
os muros estão cheios de formigas
as formigas têm dois metros de comprido
mas ninguém vê nada.
E depois?

Os muros são cor de silêncio
as formigas trazem máscaras negras
e sólidas botas ferradas
mas ninguém vê nada.
E depois?

O silêncio é feito de formigas
os muros têm mãos retráteis
as brochas são de *chewing-gum*
mas ninguém vê nada.
E depois?

Os muros estão pavimentados de silêncio
as mãos têm luvas de silêncio
as formigas são devoradas em silêncio
mas ninguém vê nada.
E depois?

Em algum lugar da cidade,
tu.
Algures
o silêncio rodeado de muros
afrontosamente brancos.
Algures
gretas, precipícios, falésias
desembocando em praças quadradas,
monocrômicas, vazias.
Algures
monotonia, becos sem saída, vielas,
dédalos, labirintos.
Algures
um tigre sedento
sentado no banco de um bar
olhando os elefantes selvagens
apanharem malmequeres.
Algures
piranhas rodopiando,
roendo lentamente o nada.
Em algum lugar da cidade,
eu.
Onde estás?
(Quem és?)

Foge foge
tudo o que tem
patas e garras
colmilhos e mandíbulas
está no teu encalço
fluido fluido
o vento encontrar-te-á
o mar encontrar-te-á
as trevas encontrar-te-ão
em parte alguma
um teto um refúgio
por toda a parte
armadilhas laços ciladas
esta cidade é em *trompe-l'oeil*
podes atravessar os muros
podes meter-te debaixo da terra
eles sempre te encontrarão
os seus olhos seguir-te-ão passo a passo
palavra por palavra lágrima por lágrima
em parte alguma
a paz o silêncio o esquecimento,
sobretudo o esquecimento.
Tigre, tigre, por favor,
dá-me o esquecimento,
por todos os demônios da terra,
dá-me o esquecimento.

É entrar, Senhoras e Senhores, é entrar!
Visitem a casa do terror!
Entrada gratuita!
Uma encantadora alma penada
servir-vos-á de guia!
Cadáveres em todos os armários!
Amores mortos a todos os cantos!
Esqueletos dos queridos defuntos
dependurados a cada trave!
Aparições maléficas
em todos os andares!
Visitem o quarto assombrado do vosso ego!
A torre dos vossos dráculas secretos!
A estufa dos vossos desejos onívoros!
Todos os amigos que vos
enganaram achincalharam mentiram
ludibriaram atraiçoaram iludiram
mistificaram ultrajaram cornearam
intrujaram traíram vigarizaram
perseguiram roubaram desiludiram
exploraram burlaram ridicularizaram
esperam por vós cheios de alegria
para vos beijarem nas duas faces
e vos oferecerem o vosso último amor
em *méchoui*, esplendidamente assado.
No bar, podem, à escolha,
fazerem-se devorar por um tigre,
beber cicuta, whisky,
ou uma chávena de chá com uma gota de leite.
Quando saírem não se esqueçam das orações
pelo repouso de alma do vosso guia.

Senhores passageiros tomem os vossos lugares,
partida da via O,
não esqueçam no cais as vossas tristezas
nem o vosso armário Renascença.
Agradece-se aos senhores passageiros
que mantenham as garrafas de whisky pela trela,
chegaremos dentro de 51 dias e 3 minutos
hora local.
Senhores passageiros tomem os vossos lugares,
neste comboio todos os corpos
são permutáveis
sendo-vos portanto permitido
arrancar um olho à vizinha
e cortar a cabeça ao vosso vis-à-vis
se ela não vos agradar.
Não deixem os vossos lugares
salvo em caso de força maior,
Ahasvérus ou o arcebispo de Canterbury
poderiam ocupá-los
e seríeis definitivamente riscados do comboio.
Quem tiver o lugar 46
pode trocá-lo pelo 64,
ninguém verá absolutamente nada
e os cornudos ficarão contentes.
É proibido debruçar-se,
os vizinhos poderão empurrar-vos
julgando-vos uns pássaros de arribação,
mas é-vos permitido
contar os postes telegráficos
até mil ou mais,
atualmente há mais postes
que carneiros
e são muito mais fáceis de distinguir.

O comboio entra na estação,
os senhores passageiros
deixaram de ser uns mal-partidos
para serem uns mal-chegados,
antes de descerem verifiquem
se é bem a vossa cabeça
que têm sobre os ombros,
um erro depressa se comete.
Atenção ao degrau,
um bom passageiro
é um passageiro morto.

Obrigado pela vossa atenção.

Só existo
durante alguns segundos por mês
quando o meu senhor tigre
encontra tempo para pensar em mim
(o meu senhor tigre é tão distraído!)
o resto do tempo
sou uma espécie de máquina
enfrascada em drogas,
mal lubrificada,
um pouco enferrujada,
bastante rabugenta,
demasiado resmungona,
que finge existir
de olhos vazios e alma ausente
por detrás da máscara bronzeada
de alguém que vai frequentemente à praia,
uma máscara que tem um ar tão verdadeiro
que toda a gente se engana,
uma máquina que vai às compras
todas as manhãs
(quanto custa o quilo de mágoas?)
que conduz o carro
sem atropelar cães e gatos,
que apanha uma mão cheia de ar
em forma de telefone
e fala horas esquecidas,
que escreve cartas de água
com um estilete de carne
e que espera, espera, espera,
meu deus por quanto tempo espera ainda?

"QUE MUERA CONMIGO EL MISTERIO…"

Hoje
estamos a 21 de Janeiro de 1976
são três horas da manhã
e estou talvez a escrever
o meu último poema.
Abri as portas da gaiola
onde tinha as palavras prisioneiras
e deixei-as partir,
enfim livres.
Se por acaso no silêncio da noite
ouvires estranhos sussurros,
palavras ternas e irisadas
como asas de borboleta
fica sabendo que são as minhas,
que são os meus alciões
que souberam encontrar-te.
Agora
sinto-me como um porto abandonado
(bruma, areias movediças
gaivotas voando muito alto)
onde nenhum barco acostará jamais.
Hoje
estamos a 21 de Janeiro de 1976
são três horas da manhã
e acabo talvez de escrever
o meu último poema.

"... QUE ESTÁ ESCRITO EN LOS TIGRES"

Jorge Luis Borges

Os alciões contam:
havia um quarto
e no quarto uma casa
e na casa uma cidade
e na cidade uma selva
e na selva
um tigre rugiente
de olhos chamejantes
que nos disse:
voltem para casa
e digam a quem vos enviou
que não acredito em nada
e muito menos em vós,
fogos-fátuos,
arco-íris da noite,
mensageiros de línguas viperinas.
Eu, o Senhor Tigre,
grande caçador diante do Eterno,
digo-vos: que vós sejais
borboletas,
palavras ternas
ou alciões,
matar-vos-ei a todos
sem exceção
e comer-vos-ei,
regados com um bom
vinho de Bordeaux.
Eis a razão
porque a minha cabeça
está de novo assombrada
pelos alciões enlouquecidos
prisioneiros de uma gaiola aberta,
de um porto assoreado e brumoso,
de um céu de gaivotas muito altas.

Conhece a pele da indiferença?
É uma pele magnífica,
lisa, aveludada, sedosa,
irisada e hialina,
agradável ao tato,
flexível como uma mão,
impermeável às pancadas
e às carícias,
ao sol e à chuva,
às lágrimas e aos poetas.
Além disso, extremamente resistente,
impossível de arrancar
ou de a rasgar,
de a comer
ou de fazer com ela um abajur.
Mantenha-a a uma prudente distância
se ela lhe é oferecida
pela pessoa amada,
pois se se deixar apanhar
será rapidamente transformado
num trapo gemebundo e choramingas.
O único remédio é o de fabricar
uma pele o mais depressa que puder
(se não for capaz,
uma boa imitação também serve)
e de a enviar ao seu amor
se possível na volta do correio.

Tome uma grande folha
de papel branco e desenhe
cuidadosamente um labirinto.
Antes de lá entrar
aprovisione-se com uns termos,
alguns sanduíches,
um tubo de aspirina,
cigarros, uma bíblia etc.,
pois é o seu Minotauro
e o seu labirinto
que vai ter de enfrentar.
O meu Minotauro
era um Minotigris belíssimo
que me lançou um olhar
de gelar o sangue nas veias.
Sentindo-me em perigo
lembrei-me de Korzybski
e disse-lhe:
não tenho medo de ti,
o mapa não é o território,
uma andorinha não é a Primavera
e as raias não são o tigre.
Ao ouvir isto o Minotigris partiu
como um raio sem dizer água vai,
deixando as raias caídas no chão
como se fossem um ninho de cobras.
E agora sou eu o novo Minotauro
do meu próprio labirinto.
Quem virá libertar-me?

À força de bater com a cabeça
nas tuas paredes
sinto que estou a transformar-me
num grande elefante cinzento
barrindo tristemente
no teu salão,
quebrando por inadvertência
as Wedgwood do rio Pedro,
a terrina K'ang-hi da avó
e todo o serviço da Companhia das Índias
do primo António.
É esse o drama quando se é
um grande elefante cinzento
solitário e desajeitado:
o próprio peso da inércia
pode quebrar muitas coisas,
o desejo, a indiferença,
as porcelanas, o silêncio,
a ausência, tu, eu,
mas não as tuas paredes.
A minha grande cabeça elefantóide
continuará infatigavelmente, estupidamente
a bater nelas
ad nauseam.

POST HANC DIEM

De mãos vazias
sem nada nas algibeiras
sem tigre no chapéu
sem pombas na manga
o poeta atravessa o palco
sobre a corda bamba das palavras
de mãos vazias
sem nada nas algibeiras
sem tigre na manda
sem pombas no chapéu
a sala está às escuras
as cadeiras vazias
os músicos partiram
o poeta está só sobre a corda bamba
e as palavras foram-se como sempre.
O espetáculo terminou.
Cai o pano.

O MENSAGEIRO DOS SONHOS[11]
2005

A Emilienne

A BIBLIOTECA

A J. L. Borges

O grande Ausente, Deus
(ou aquilo que aí tem seu lugar)
disse-me:
as tuas lágrimas serão de pedra
e os teus dedos, fósforos de cinza
que não acenderão nenhum fogo.
A tua cabeça será uma colméia vazia
e o teu corpo um destroço aberto
abandonado ao sabor das vagas.
Darás à luz na dor
minúsculos sinais tipográficos
que rapidamente irão juntar-se
aos seus inumeráveis milhões de irmãos
na Biblioteca.
"iluminada, solitária, infinita,
perfeitamente imóvel,
munida de volumes preciosos,
inútil, incorruptível, secreta"
onde nenhum humano jamais virá.
É a isso que eu te condeno,
tu, que não crês em MIM.
Ou acreditavas escapar-ME?

[Paris, 1982]

---

[11]Escrito originalmente em francês, *Le messager des rêves*, e traduzido ao português por Vítor Castro.

Nas terras fraudulentas,
o poeta louco
é uma testemunha insubstituível
destes tempos, segundo um costume
que não é fortuito.
Este processo dura ainda
porque a experiência torna míope
e os coiotes desempenham um pequeno papel
nos primórdios da magia.
A única certeza:
o poeta assim definido torna-se
O grande címbalo abrupto e bárbaro
Na maquinaria das coisas,
Isto é
Nos problemas de comunicação.

[Fevereiro, 1983]

Preparai-vos, minhas irmãs
os tempos vieram,
afiai as vossas unhas vermelhas
sobre o rosto inocente das vossas crianças,
ide cantando colher o visco
no jardim de Luxemburgo
ou dançar as vossas rondas desenfreadas
à luz do projetor
Place de la Concorde
os tempos vieram
oh minhas irmãs
deixai cair as vossas máscaras
e os vossos trajes de mulheres apaixonadas
o grande sol da morte
vai vos dar a vida,
os tempos vieram enfim!
Ave Vénus!
As mãos atômicas
da humanidade futura
saúdam-te.

[Fevereiro, 1984]

Sentai-vos tranquilamente
à vossa mesa de trabalho
e começais a alinhar as palavras
a cabeça tão cheia
como um poliedro
De repente, mal tínheis escrito
a cauda da última rubrica
quando a primeira letra ergue
a sua cabeça negra de serpente emplumada
e vos morde selvaticamente os dedos.
Então não hesiteis mais
deitai logo a vossa folha
no viveiro com as outras
e dai-as ao vosso editor,
cabe aos vossos leitores livrarem-se de apuros
como puderem
a menos, delicadeza a isso obriga
que vós não os aconselheis
a tomar soro antipoético.

[Fevereiro, 1984]

Será a paz, será a guerra?
Cada um sabe de que inferno vem,
saído da casca de manhã
entre dois braseiros mortais
a regra do jogo é caminhar de mãos vazias
a morte dos cisnes é uma aventura sem amanhã
à sombra das pálpebras do deserto
os girassóis viraram-me as costas
relinchando de um terror empoeirado
aquilo que assobia aos meus ouvidos não tem nome
mas eu reconheço-o pelo que ele é
icebergue de sangue
uivando à lua.

[Julho, 1985]

É o poema uma enzima
produzida pela insônia?
A mão que escreve,
saída de uma misteriosa porta,
primícias
da alvorada que virá?
Uma borboleta já presa com alfinetes?
Um vírus?
O espelho mágico de onde levantam vôo
os passarinhos desajeitados?
O teu corpo estendido ao pé do meu
serve ele para alguma coisa
nesta inexplicável alquimia?
A árvore noturna enfeitada
da sua lua interior
serve ela para alguma coisa?
Que se passa entre
a trama do papel e aquela do destino?
De onde vem? Para onde vai?
Folha morta ou viva,
anjo misterioso,
lua de sal,
a noite leva-o
e acabou.

[Abril, 1988]

BERESHITH

"No começo
Elohim criou os céus e a terra.
A terra era deserta e vazia.
Por cima do abismo havia trevas
e o espírito de Elohim pairava sobre as águas.
Elohim disse: Que haja luz!"
e houve luz.
Elohim chamou à luz Dia
e às trevas Noite.
E houve uma noite, e houve uma manhã:
primeiro dia.
Durante seis dias
ele divertiu-se a criar
um grande número de coisas engraçadas
e outras que o eram menos.
Elohim concluiu, ao sétimo dia,
a obra que tinha feito,
mas ele não repousou,
como foi dito e redito.
Pelo contrário,
ele contemplou, insatisfeito e desiludido,
a sua criação.
Então durante alguns milhões de anos
ele refletiu
e depois criou-te,
a ti.

[Abril, 1986]

REQUIEM PARA JOÃO CARLOS SOBRAL MEIRELES

Tu não conheceste
a lenta morte da vida, a não ser no fim,
meu irmão,
tu viveste-a plenamente
como uma laranja redonda e sumarenta,
meu irmão,
agora tu estás sentado entre Zeus
e Jeová na glória dos céus,
meu irmão,
aliás, mais do lado de Zeus,
tu que amavas o lado solar da vida,
meu irmão,
o teu sorriso era o de Apolo
e não aquele triste e resignado de Cristo,
meu irmão,
lá onde estás agora
vela por mim,
meu irmão,
porque eu não conheço
senão a morte lenta da vida,
meu irmão,
eu sou apenas uma metade de laranja
e o meu destino já está escrito nas estrelas,
meu irmão.

[Paris, 1991]

O MENSAGEIRO DOS SONHOS

O signo cisne
é um cavalo a galope
montado por um minúsculo cavaleiro em chamas
nascido do sonho febril da fênix.
O cisne signo
revela ao poeta
que o véu opaco
das transparências verbais
não passa de sinais
desfigurados pelas revelações
dos cisnes quando levantam voo.
Quando eles regressam do país
para lá das nuvens, então, sim,
eles são os mensageiros
da missiva secreta
do minúsculo cavaleiro em chamas.

[Paris, outubro, 1994]

VARIAÇÕES GOLDBERG, I

Uma só nota
e a árvore brilha
com as mil cores da noite.

[Setembro, 1994]

Todos os dias vivemos
os nossos pequenos apocalipses
como se nada fosse,
carregamos
a indiferença como um lenço de seda
à volta do pescoço,
a morte faz-nos sinal
em cada folha primaveril
da árvore-noite,
aquela que nos chama
com uivos de lobo
quando a olhamos,
barricados atrás das nossas janelas
de presos à residência
sobre este planeta que corre
na negra água cósmica.

[1995]

Onde estão agora
os pequenos negros de alma branca
da minha infância?
Tornaram-se
os pequenos brancos de alma negra da minha velhice.
Sob a ponte Mirabeau
corre o Aqueronte
que os leva a todos,
oh meus irmãos de almas virtuais
em tecnicolor.
A grande mão de sombra
do tempo que passa
entreabre a tapeçaria
sobre o mítico futuro onde todos seremos
pequenos gatinhos perdidos.
E tu, lá no alto, tem cuidado Contigo!
No dia do Apocalipse
pedir-te-ão contas
nesse dia... sim,
tem cuidado Contigo!

[2 de julho, 1995]

REQUIEM PARA MADAME YVONNE PAOLI

Anjo negro da morte,
porque vieste de madrugada
parar com as tuas mãos imateriais
o seu pobre coração apaixonado?
Agora eis-te preso ao seu túmulo,
as tuas imensas asas negras
caiadas pela geada de Dezembro,
os teus pés firmados sobre a pedra
recobertos de flores murchas,
anjo de dor, anjo imanente,
anjo presente para todos aqueles
que amam a que não mais existe,
estátua para sempre imobilizada
que as lágrimas tornam visível
a quem souber ver
para lá das aparências.

[1996]

À MINHA IRMÃ, QUE VÊ O INVISÍVEL

Ninguém melhor que nós, humanos
conhece o impalpável toque gelado
das asas dos anjos.
Os gatos vêem-nos evoluir,
as suas pupilas semicerradas
iluminadas por não sei que conhecimento
vindo do fundo das idades,
as suas resplandecentes asas desfraldadas
no grande vento da noite,
acariciando-nos, transparentes, hialinas,
face aos nossos olhos maculados
que nos tornam cegos na sua presença.
A nossa morte permite-nos perceber
a sua beleza inefável,
demasiado tarde para nos tornar dignos
de compreender a sua inumana essência.

[1996]

HOMENAGEM A VICTOR HUGO

Descido do sétimo céu
sobre as asas de um doce zéfiro
aparece de repente o hemistíquio,
a cesura que permite ao pai Hugo
dançar a jiga
e não há lugar para o lamento!
O alexandrino ostenta as suas pompas e faustos,
cintilações, incandescências,
reluzentes cascatas
atordoantes de beleza,
correndo como mel sob o nosso
olhar sedento de andamentos
que nos levam a outros versos onde canta a
rima
como um rouxinol encantado.
Deixai-vos seduzir,
faltam apenas 350 páginas
para terminar a *Légende des Siècles*.

[1997]

Os meus passos de criança não deixavam pegadas,
a tua mão de areia e de espuma
atraía-me para o teu seio
e eu partia numa braçada confiante
em direção ao azul dos gritos das gaivotas,
esse azul reluzente ao nível dos olhos
que me chamava sempre mais longe
em busca da vaga que seria enfim minha.
hoje olho-te, mar,
e lembro-me das lágrimas vertidas,
do sal amargo do regresso,
da tua cor cambiante
que me traz o esquecimento
e eu permaneço lá, apaziguada e feliz,
a olhar a maré do presente
que já não é para mim o chamamento
da tua mortal imensidão.

[Maio, 1997]

A VOZ

Não é minha culpa,
apunhalei o olmo
e ele chorou seiva e vespões,
derrubei o ponto de referência
e os navios naufragaram,
assassinei as nuvens
e a terra cobriu-se de cinzas,
destruí a falésia
e os afogados tomaram o seu lugar,
destruí o mar
e a areia ficou negra de sangue,
fulminei a terra
e as flores desabrocharam.
Então arranquei o seu coração
e o homem ainda vive.
Devo eu destruir o universo
por um punhado de vermes?

[Royan, Julho, 1997]

O LUGAR QUE JÁ NÃO É

Pinhal, onde está a velha senhora
que contava à neta
histórias de fantasmas?
(O diabo estava escondido nas águas furtadas
e gemia: eu caio... eu caio...
e caía uma perna.)
Onde está a doce criatura de cabelos grisalhos
que sabia tão bem cuidar das cabras?
(Ah! o copo de leite diretamente
saído da teta, aureolado de espuma!)
Onde está o velho louco que escavava
poços por todo o lado à procura da água dos seus sonhos?
Onde está o homem bondoso
que tomava o seu pequeno-almoço sorrindo
para que a mulher acreditasse que o seu café
era a maravilha das maravilhas?
Pinhal, tu permaneces ali, murmurando
giestas, tomilho e alecrim,
grilos e cigarras,
as tuas seivas resinosas perfumam,
rochedos majestosos, ainda ali permanecem,
esperando ser escalados
pelas pequenas pernas escuras da criança
que se sentava lá no alto
sobre a pedra que tinha a forma de um piano
para ver a tarde cair,
doente de beleza, sem palavras para o exprimir.
(Consegui-lo-ia ela hoje?)
Casa, tu permaneces ali,
com os teus muros caiados e o teu teto vermelho
com a sua chaminé engraçada,
o banco de pedra onde já não se ordenhavam as cabras,
a porta que mudou de lugar,

a janela que já não está no mesmo sítio
e este ar de ser e de não ser já a mesma
que a memória recusa.
Casa, que fizeste tu dos teus antigos habitantes?
Casa, que fizeste tu de tua alma?

[1997]

IN MEMORIAM

A Inês Guerreiro

Como é possível descrever com palavras
os mil murmúrios da alma
quando os mortos nos visitam,
a sua essência sutil
constelada de tantas recordações
que o nosso coração se torna
um vasto mar enfeitiçado?
Hoje foste tu, Inês,
que vieste, com a tua voz
de espuma e de andorinha
falar-me de *décors* de teatro
impossíveis, de máscaras e de plumas,
como se toda a gente pudesse compreender
a sabedoria do teu universo
de velho carvalho sonhador.
Ah! que saudade, Inês!

[Julho, 1998]

PARIS EM 1950

(para Robert Desnos)

Pequeno pequeno pequeno
ronronava a formiga de dezoito metros
aproximando-se dissimuladamente do Leão de Belfort
mas este fez orelhas moucas,
ele era não apenas de bronze
mas também cartesiano
e dizia para consigo que uma formiga de dezoito metros
não existe
não existe...
No que ele se enganava redondamente
o poeta a criou,
logo ela existe. Q.E.D.

Esteve ultimamente na Praça Denfer-Rochereau?

[Junho, 1998]

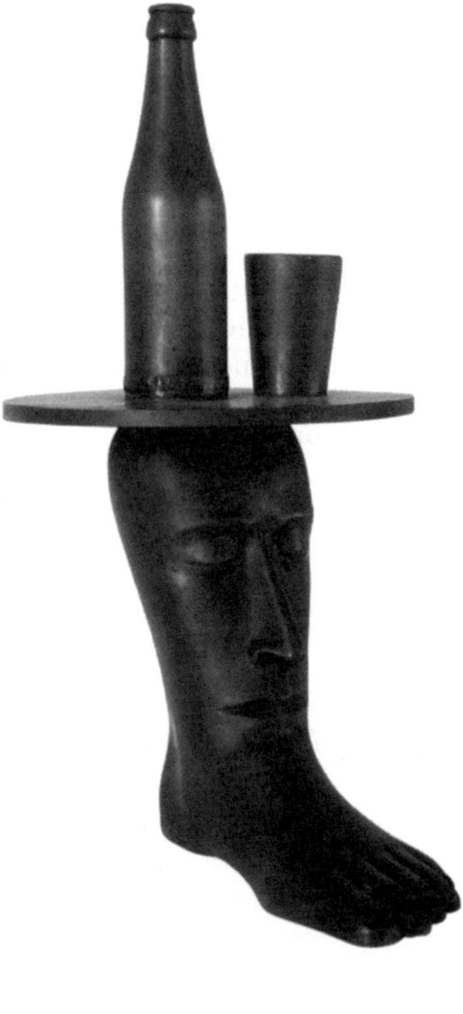

FORTUNA CRÍTICA

Isabel Meyrelles no labirinto de seu museu dinâmico de metamorfoses[12]

Perfecto E. Cuadrado

Isabel Meyrelles ocupa um lugar muito particular na história geral (e nalgumas das "estórias") da intervenção surrealista em Portugal, e não só pela força "convulsiva" (isto é, a "beleza" nos termos em que a definiu André Breton) das suas obras, mas também pela linguagem por ela privilegiada a par da poesia (a escultura, no que acompanharia o caso também excepcional de Jorge Vieira) e pelo fato de ser quase que a única mulher (salvem-se os magníficos acidentes da presença de Nora Mitrani ou a colaboração de Albertina Mantua com Vespeira) com um papel protagonista nos primeiros momentos daquela intervenção (depois foram-se incorporando no caminho outras presenças, como a de Natália Correia ou Paula Rego).

Surrealismo e ficção científica (a segunda, às vezes tangente ao primeiro ou parcialmente incluída nele) são dois dos pontos de referência fundamentais quando se fala nas origens ou crescentes da criatividade de Isabel Meyrelles, mas nunca ao mesmo nível de lição e de cumplicidade, por transcender o Surrealismo (e nisso também se reconhece e reconhecemos Isabel Meyrelles) a dimensão da teoria estética ou da reflexão poética para atingir no seu projeto romântico de revolução total e coincidente de Vida e Arte o

---

[12]Este ensaio é uma montagem dos textos incluídos no catálogo da exposição *Museu Dinâmico de Metamorfoses* e na edição de *Poesia*, em 2004, tendo sido tanto a curadoria da mostra quanto a organização do livro responsabilidade do Perfecto E. Cuadrado, crítico de arte e ensaísta, coordenador do Centro de Estudos do Surrealismo, da Fundação Cuportino de Miranda, em Portugal. A publicação original do ensaio na forma como aqui se apresenta se deu na revista *Agulha* # 49 (Brasil, janeiro de 2006), da qual Isabel Meyrelles participa como "artista convidada".

espaço das convicções morais e dos comportamentos éticos e políticos. Situados na esfera das práticas artísticas, no caminho que vai da realidade real à realidade poética através do filtro da experiência pessoal, as estações em Isabel Meyrelles são várias, e, empregando a terminologia dos românticos do século XVIII, poderíamos dizer que nos levam em sentido ascendente da realidade real à memória, da memória à fantasia, da fantasia à imaginação criadora, e desta à realidade poética. E essa realidade poética, frequentemente, não é simples e imediata metamorfose da realidade real, mas sim metamorfose da metamorfose, algo assim como uma transmetamorfose ou transformação duma outra realidade poética – o mito, a lenda, e o imaginário que soube traduzi-los e representá-los ao longo da História – de maneira que o dragão é metamorfose da iconografia clássica do dragão oriental e o unicórnio, transformação da sua representação clássica ocidental. Dragão, unicórnio ou gato (este também metamorfose do gato simbólico dos egípcios) configuram assim um bestiário fantástico e muito pessoal que pela magia da poesia passa a bestiário coletivo e doméstico sem perder nada do seu significado particular e simbólico.

Já foi apontado pela crítica na sua obra o jogo de contrastes entre a força vulcânica da emoção e a serenidade clássica da sua tradução formal que essa emoção controla (ou a mascara e dissimula), entre o universo fantástico da fauna meyrelliana e a sua realização material com aparência de realismo convincente, entre a dureza dos materiais originais e a delicada transformação que faz do barro bronze ou mármore e da madeira alabastro ou marfim, o que provoca quase que sincronicamente a surpresa paralisante do estranho e distante e uma atração física (uma incitação à carícia, à apropriação carnal do objeto). Talvez se possa ver nesse jogo de contrastes o tal propósito deliberado e provocador de "dissonância" utilizado por Hugo Friedrich para caracterizar a lírica chamada "moderna", dissonância que produz no leitor (no espectador, neste caso) um especial fascínio, uma perplexidade e uma fixação e uma vontade de afastamento e de entrega a que poderíamos chamar de "efeito-cobra", por paralelismo emocional.

Caráter simbólico têm também na obra de Isabel Meyrelles determinados objetos ou fragmentos de humanidade ou profecias de vida como a mão, com a luva que multiplica os seus sentidos, ou o ovo, que chega a totem celebrado ritualmente num círculo que remite ao projeto do espaço duma praça atual mas que ultrapassa esse seu destino original para nos transportar ao lugar sagrado dos rituais da tribo, como o das pedras de Stonehenge.

Desde o sentido profundo da idéia e da experiência surrealista da "amizade" não só como emoção sentida individualmente ou como aventura externa partilhada mas também como sustento criador (lembre-se a importância das criações coletivas no âmbito das experiências e das práticas surrealistas), Isabel Meyrelles parte nalguns dos seus trabalhos escultóricos dos trabalhos plásticos (pinturas, desenhos) de poetas amigos como Cesariny, Raúl Perez e de maneira muito especial Cruzeiro Seixas (com quem já fez exposições conjuntas como a da Galeria Leo, em 1984) para chegar a uma obra que é fusão de forças, fecundada numa mesma paixão.

Há também homenagens, seja a gentes amigas e pessoas da família, seja a alguma das afinidades eletivas maiores como André Breton. E quase que poderíamos também falar em homenagem na "Mesa de café", celebração e memória dum dos espaços vitais e artísticos que marcaram nos últimos séculos a história social e cultural desse nosso fragmento de mundo a que costuma adjetivar-se de "ocidental", aqueles cafés lisboetas do convívio surrealista que com tanta emoção lembrava Cruzeiro Seixas no texto que escreveu para a recente exposição de Isabel Meyrelles na Galeria S. Mamede.

Não faltam as referências à história mítica de Portugal e de Europa (a alusão, por sinédoque, a Ulisses, e, em certa maneira, o misterioso cavaleiro templário) ou a alguns dos mitos dessa história, lidos e assumidos desde os seus muitos sentidos, incluídos aqueles mais transgressores ou menos convencionais, como no caso da Sóror Mariana Alcoforado, vista na sua dupla condição de freira rigorosa e apaixonada amante através do jogo dos vestidos (e da ausência deles) que encenam com humor a transformação da religiosa em alegre cortesã dizendo ao mundo o quanto ele lhe importa. E é que o humor é também referência necessária quando se fala na obra de Isabel Meyrelles, um humor "negro" ou "objetivo" (hoje podemos já dizer "surrealista", ou falar simplesmente em "humor", como queria Jacques Vaché) que se revela arma privilegiada de desarticulação e rearticulação da realidade com vistas à sua possível (ou impossível, na opinião de Mário Cesariny) "reabilitação", um humor que podemos encontrar, por exemplo, no grupo de cabeças-ovo em movimento representativas de grupos ou coletivos sociais ou nacionais. Esse "humor" que sempre impregna e que às vezes preside as práticas artísticas de Isabel Meyrelles é também – e aqui, mais uma vez, a dimensão moral e ética e política do projeto revolucionário surrealista – uma maneira de ser e de estar, uma atitude, um modo diferente de ver e de viver (não só de dizer) a vida e de atuar sobre ela. Mas esse ver e viver e até o próprio dizer a vida, conforme ao projeto surrealista resumido na trindade amor-poesia-liberdade, é uma aventura perigosa que até pode ultrapassar as possibilidades do humor como arma ofensiva-defensiva e que, frequentemente, deriva numa descida aos infernos: nessa descida, Isabel Meyrelles soube ajudar-se sempre da literatura, remédio que por vezes acaba em húmus de uma nova doença, de novas dúvidas e novas interrogações e novos e mais duros desassossegos. Mas ninguém disse que o caminho era fácil (até porque esse caminho não vem nos mapas que nos dão à partida e somos nós a procurar o seu perfil no nosso dia-a-dia) e ainda menos que fosse único e, portanto, obrigatório: os caminhos são muitos e muitos e muito diversos os seus acidentes e os horizontes a que apontam, e afinal é da nossa eleição viver ou ser vivido, ver passar o rio ou ser rio para ser mar um dia. Essa a proposta (modesta) do Surrealismo, essa a proposta e a lição de Isabel Meyrelles, corpo visível sempre na paisagem de sombras atravessada pelos relâmpagos das suas esculturas, e nesse corpo um rosto e nesse rosto o gesto de reflexão e dúvida na fronte e na boca o riso sempre pronto, imenso e perturbador que ajuda a dissolver – se não resolve – as nossas perplexidades e a angústia da nossa permanente tensão entre a realidade e o desejo.

Entre os *caprichos* de Goya há aquele intitulado "El sueño de la razón produce monstruos", que permite sem dúvida as mais diversas interpretações e entre elas uma que para mim resulta particularmente "moderna" e que fala da grandeza trágica do pintor espanhol "estrangeirado" (ou, como se dizia em Espanha, "afrancesado"): a desconfiança no sentido absolutamente positivo e universalmente abrangente da (na época, e ainda hoje!) todo-poderosa deusa Razão, que tinha vindo a substituir os velhos deuses como alicerce sustentador da cidadela que o homem precisou sempre para se defender daquele Medo essencial que, como no conhecido poema de Alexandre O'Neill, ameaçava e sempre ameaçou com "ter tudo". Talvez o já romântico Francisco de Goya y Lucientes adivinhava (ou porventura sabia) que existiam outras razões que não as da razão, e é justamente a defesa da razão dessas razões e da sua necessidade urgente o que viria a constituir a preocupação maior daqueles artistas a que Rimbaud chamaria de "absolutamente modernos", os "filhos da lama" de que falava Octavio Paz, os herdeiros da tradição fáustica que a dada altura do século XX decidiram adotar o qualificativo de "surrealistas" não para nos orientar para um além *da* realidade, mas sim para nos mostrar que esse além existia *na* própria realidade e que só exigia de nós para se manifestar uma profunda mudança no nosso ser e no nosso olhar, uma renascida inocência, um procurado encontro com o "olho selvagem" do miúdo, do louco, do forasteiro, do namorado, do poeta.

Entre os herdeiros dessa tradição, Isabel Meyrelles (e por isso a paráfrase goyesca do título desta breve apresentação cordial que assim duplica a homenagem) de quem pouco ou nada dizem os roteiros da arte e da literatura portuguesa e de quem sabemos que nasceu em Matosinhos e em 1929 (o ano da viragem no interior do movimento surrealista francês), que é poeta, tradutora, escultora e criadora de objetos surrealistas, que reside em Paris desde 1950 e que ali continuou os seus estudos superiores na Université René Descartes-Paris V-Sorbonne ao tempo que completava os de escultura na École Nationale Supérieure des Beaux-Arts de Paris. A Paris foi "à procura dum ar" que lhe faltava "para respirar" em Portugal, mas não sem deixar um rasto de divertido escândalo nos ambientes literários e artísticos da Lisboa-os-Sustos (Cesariny dixit) capital do Reino da Dinamarca dum Alexandre O'Neill que também tentaria, inutilmente, a fuga. Nesse rasto podemos encontrar Isabel Meyrelles – naquela altura, e para os amigos, *Fritzi* – a fumar cachimbo nos cafés, na companhia dos surrealistas dos dois grupos – António Pedro, O'Neill, Cesariny, Cruzeiro Seixas – mas também dum Eugénio de Andrade ou de Natália Correia, com quem havia de dirigir nos anos do regresso – 1971/1977 – o famoso restaurante O Botequim, e podemos ainda imaginar cenas desse convívio nas areias de Caparica como a do exército de furiosos pirilampos perseguindo surrealistas pela praia fora (confissão da autora num vídeo sobre Mário Cesariny, produzido pela Fábrica de Imagens) ou a dum concerto ao luar, oferecido pelo flautista da Orquestra Sinfônica Nacional, o Luis Bulton (testemunha do Cruzeiro Seixas).

A viagem (fuga, exílio) a Paris coincidiu com um momento de agitação e de renovação no devir da aventura surrealista, iniciado por André Breton ao seu regresso das Américas, e no calor dessa fogueira mais uma vez acesa apareceram novos amigos, como Tristan Tzara, Philippe Soupault ou Henri Michaux. De fato, Isabel Meyrelles tinha passado de um a outro país sem deixar nunca de habitar o país de que sempre se reconheceu cidadã natural, o Surrealismo: "Considero-me surrealista, quer dizer, aprecio o Surrealismo como um país libertador. É uma coisa tão grande que é um país. É uma espécie de buraco no espaço em que se passa para outro espaço e acontecem outras coisas. É isso o Surrealismo – a possibilidade de fazer outra coisa, de abrir portas à imaginação. Sem peias" (entrevista de Susana Moreira Marques para o "Mil Folhas" do *Público*, 29 de Maio de 2004). E, se mudou de geografia sem mudar de país essencial, mudou também de língua sem mudar o destino maior de qualquer língua: a poesia, ou seja, a língua na sua genesíaca função de inventar realidade ("no círculo da sua ação, todo o verbo cria o que afirma", lembrava Cesariny).

Na entrevista acima referida, Isabel Meyrelles (sempre ferozmente autocrítica) parece colocar a poesia num lugar muito abaixo dos seus trabalhos escultóricos:

> Mas os meus poemas são de circunstância. A escultora não é nada de circunstância. A poeta é. Aparece a determinadas épocas, por um determinado tempo, mas depois desaparece outra vez, durante muitos anos.

Ora bem, a intermitência (real, se reparamos nas datas de publicação dos seus livros) não necessariamente deve implicar menor significado nem o autoconfessado carácter "circunstancial" pode ser confundido com desprezo ou pouca consideração quanto à importância e à altura da própria obra poética. De fato, alguma vez a autora tem falado da sua poesia como eficaz remédio para os momentos mais disfóricos ou claramente depressivos, como uma necessidade sentida, pois, como diz Maria Fernanda Pinto, "nela a necessidade de escrever é um ato doloroso, corresponde aos momentos de crise, e constitui uma espécie de contraveneno contra a depressão", caracterizando depois essa poesia nos seguintes termos: "Isabel Meyrelles escreve uma poesia sensível, um pouco cáustica, em que o amor e a irrisão estão sempre presentes. Poemas curtos, talvez de influência oriental, num estilo que ela classifica de irônico e por vezes feroz" (*Encontro*, 15 de Maio de 2004, p.14). Num exemplar de *Le Livre du Tigre* que Mário Cesariny me ofereceu "em segunda via", o poeta de *Pena Capital* tinha escrito o seguinte envio para o seu primeiro destinatário:

> Atenção a esta "jovem"! Vive em Paris desde os anos 50, é também escultora com várias exposições e aqui os surreal-cronistas, aliás, poucos e nenhuns, não lhe ligam nenhuma. Melhor para ela – e tristes de nós!

E Alfredo Margarido, num texto para a exposição de escultura de Isabel Meyrelles na Caixa Geral de Depósitos (Paris, 1988), afirmava:

> Toute la création d'Isabel Meyrelles cherche avant tout subvertir les modéles, grâce à un double défi: celui de l'élargissement constant du champ des mots, rendu possible par le travail poétique, et le bouleversement des formes plastiques, en arrachant à l'argile la souplesse qui est la sienne, ce qui permet à la céramique de repeupler le monde avec des hybrides de toute nature.[13]

Enfim, e tentando resumir há tempos o percurso poético de Isabel Meyrelles, dizia eu:

> Sua obra poética, iniciada em português e arrematada em francês, bebe nas fontes da aventura surrealista, e, como suas esculturas e objetos, oscila entre o duplo estremecimento da experiência do *amor louco* e da surpresa produzida pela transmutação da realidade cotidiana em realidade maravilhosa ou poética em virtude de um estado de espírito inocente, desnudo e expectante que, por sê-lo,

---

[13]Citação mantida em francês na publicação original do ensaio. A tradução a seguir é de Éclair Antonio Almeida Filho: "E Alfredo Margarido, num texto para a exposição de escultura de Isabel Meyrelles na Caixa Geral de Depósitos (Paris, 1988), afirmava: 'Toda a criação de Isabel Meyrelles busca, antes de qualquer coisa, subverter os modelos, graças a um duplo desafio: o desafio de alargar constantemente o campo das palavras, tornado possível pelo trabalho poético, e o de virar de cabeçar para baixo as formas plásticas, arrancando da argila a moldabilidade que é sua, o que permite à cerâmica de repovoar o mundo com híbridos de toda natureza'."

não lhe permite sequer ignorar a trágica crueldade da vida abandonada à refinada brutalidade daqueles a quem às vezes gratuita ou abusivamente chamamos nossos semelhantes.

As duas primeiras obras poéticas publicadas por Isabel Meyrelles (*Em Voz Baixa* e *Palavras Nocturnas*, respectivamente de 1951 e 1954 e as duas em português), têm características comuns como são o tema do amor (mais diurno no primeiro livro, mais noturno e já quase elegíaco no segundo), a brevidade dos poemas (por vezes, simples fragmentos, rápidas rajadas de emoção, marcas na pele duma impressão que se destaca), ou o tom de tímida confissão, de segredo "em voz baixa", às vezes de monólogo sussurrado à mesa do café ou no leito subitamente despovoado. Com *O Rosto Deserto* (1966), a poeta passa a usar o francês como língua poética e com ele começa também, segundo a própria autora, uma fase duma maior "maturidade" superadora dos primeiros poemas "juvenis", uma fase em que ela confessa se reconhecer melhor e em que junto ao tema central do amor e ao tom confidencial que parecem prolongar os seus primeiros livros, aparecem poemas de reflexão sobre o ofício da escritura e o estatuto do poeta ou o angustioso problema do poder e dos limites da palavra (sem chegar nunca a uma poesia nitidamente metapoética) e poemas de caráter mais narrativo ou descritivo, com personagens tirados do fundo da mitologia clássica (que remetem ao território das suas esculturas) como o Unicórnio ou o Minotauro, ou personagens singulares e de ampla tradição literária como a do Marinheiro protagonista duma história de amor em seis instantâneas líricas em que a voz poética se vai implicando progressivamente. Já em *Le Livre du Tigre* (1976), podemos encontrar de maneira evidente e reiterada aquela variante cáustica de que falava Maria Fernando Pinto (com alvos definidos como Lisboa ou os irmãos poetas) ao lado do que seriam as constantes maiores da sua poesia quanto ao tom (de confissão ou confidência com ou sem distinatário) e aos temas (o amor sempre presente), incorporando ao seu bestiário pessoal a figura soberba do Tigre ("ágil", "esbelto", "sinuoso", "sedutor", "secretamente satânico", "solitário senhor de sombria beleza"), e usando formalmente com freqüência do paralelismo (da anáfora ou o simples uso do refrão até à recuperação da estrutura completa do cantiga de amigo medieval). Os mesmos temas, o tom cada vez mais elegíaco, a quase ausência do registo sarcástico, junto com as homenagens e as lembranças (Borges, Robert Desnos, Victor Hugo, Madame Yvonne Paoli, Inês Guerreiro, a irmã, o irmão João), encontramos no seu último livro (inédito, com poemas datados entre 1982 e 1998) de título bem significativo – *Le Messager des Rêves* – quanto à identificação da sua poesia e do sentido dado ao trabalho do poeta e que liga bem com o título desta aproximação cordial que agora acaba para deixar ao leitor na melhor companhia, a dos sonhos e as palavras de Isabel Meyrelles, lembrando a frase de homenagem e de convite à leitura do amigo comum Artur do Cruzeiro Seixas: "Sei que o tesouro que as pessoas procuram está quase sempre ao seu lado".

Isabel Meyrelles: o universo dos sonhos[14]

Cruzeiro Seixas

Hoje já não se trata de pensar as palavras que escrevemos, mas de pensar as letras uma a uma. E é de símbolos que se trata, mesmo que seja por demais pequeno e escondido o nosso espaço.

Quereria escrever um prefácio. Mas o que vejo em primeiro plano é a mão da Isabel Meyrelles a conduzir o Tejo através de Paris – a mesma mão que atravessou as nossas vidas nos tão distantes anos 40, quando aquilo

---

[14]Texto para catálogo da exposição *O universo dos sonhos* (Galeria São Mamede. Lisboa, maio de 2004), sugerido pelo próprio Cruzeiro Seixas para inclusão na presente edição.

que pomposamente se designava como seu atelier, ali ao Cais Sodré, era a pátria de todos nós, pois a outra estava nas mãos das polícias. Com a Isabel, todas as transcendências eram possíveis, até a transcendência do quotidiano. Verdade que tínhamos vinte anos, e sonhávamos com a liberdade em "tamanho natural". Cada dia, cada noite era pura invenção. E a liberdade então era muito mais A NOSSA, do que a dos escassos livros que então tínhamos lido. Seguíamos em frente; nesse tempo, não tínhamos nada de que nos arrepender. Vivíamos intensamente nos Cafés, que eram inúmeros, espalhados por toda a cidade, ou seja, do Chiado ao Chile, distâncias quase sempre vencidas peripateticamente para mais um apaixonante encontro – mas é preciso não esquecer que uma jovem num café, era, naquele tempo, um atentado à moral vigente e a Isabel sempre corria esse risco. Ela era de fato uma personalidade. Vinda de um Porto dividido ainda apenas em duas camadas sociais, não hesitou um momento nas companhias a escolher aqui. Era a Natália Correia, nessa altura no esplendor da sua beleza, era o Eugénio de Andrade, éramos nós, "Os Surrealistas". Lembro-me ainda do Paulo de Eça Leal, e de um muito gentil flautista da Orquestra Sinfônica Nacional, o Luís Bulton, que, pelo menos uma vez, tocou para nós entre a mata, as dunas e o mar, tudo iluminado por um luar louco, na Costa da Caparica.

Se refiro em excesso o passado, é porque tenho 85 anos, e porque a Isabel era ÚNICA. É-me difícil falar apenas dela, porque ela era todos nós, grávida de liberdade como estava! Parece-me que a metafísica desse dia-a-dia era muito mais importante do que o que ia ficando em obra realizada. Mas as mesas dos cafés arfavam de poesia! Os primeiros poemas de Cesariny eram gatafunhados nas contracapas dos livros que nos chegavam às mãos, eram poemas que a voragem dos tempos esqueceu, eram a semente lançada à terra. Nada do que vos digo é novo. E não sei quanto tempo será ainda desesperadamente necessário para que algo de realmente novo seja de fato tão visível como foram (e ainda o são…) Picasso ou Chirico, André Breton ou Jean Genet.

Tento escrever um prefácio, mas que fazer se julgo que a vida de todos os dias não é inferior à chamada "obra de arte"?

As nossas vidas seguiam ruas sem sinalização e tudo tinha a cor intensíssima da descoberta.

Como era angustiosamente pouco o que chegava às livrarias e às salas de exposições, reinventávamos Dada, reinventávamos o Surrealismo. E sempre a Isabel era como uma bandeira agitada pelo vento.

Em 1950, parti para a África e Isabel partiu para Paris, onde teve uma mota potente, onde sem escândalo pôde fumar o seu cachimbo, onde fez amizade com Tristan Tzara, Philippe Soupault, Gabriel Pommerand etc. Tens fotos desse tempo?, pergunto-lhe, mas ela segue em frente, rasgou tudo.

Certamente, não foi por acaso que à porta da sua casa morreu a princesa Diana. Ainda hoje se trata de um local de peregrinação, e quando ali chego, julgo sempre que aquela pequena multidão, com as flores, homenageia a Isabel…

Por certo deveria referir as esculturas; e ficaria bem falar da poesia publicada *Em Voz Baixa, Palavras Nocturnas, O Rosto Deserto, Le Livre du Tigre.* Mas neste momento prefiro referir o que ainda está dentro da Isabel.

Numa das casas onde habitou, Henri Michaux era seu vizinho e amigo, e assim pode guardar, num armário especial, toda a obra autografada desse enorme poeta.

De fato, o impossível não existe. Sei que o tesouro que as pessoas procuram está quase sempre ao seu lado. Será necessário e extremamente urgente que a humanidade se convença de que há coisas para compreender, e muitas outras para não compreender. Só no impossível se encontra por agora alguma espécie de compensação…

Breve cronologia

1929
Isabel Meyrelles (Maria Isabel Sobral Meirelles) nasce em Matosinhos (Portugal).
1947-1949
Estuda escultura com Mestre Américo Gomes no Porto e em Lisboa com Mestre António Duarte.
1949
Exposição na Livraria Ática, Lisboa.
Exposição colectiva 4ª exposição geral das Artes Plásticas, Lisboa.
1950
Fixa residência em Paris, onde prossegue estudos superiores (Université René Descartes - Paris V-Sorbonne e Ecole Nationale Supérieure des Beaux-Arts).
Exposição colectiva 5ª exposição geral das Artes Plásticas, Lisboa.
1951
Publicação do livro de poemas *Em Voz Baixa*. Tipografia S. José, Lisboa.
1952
Estuda escultura com Mestre Zadkine na Grande-Chaumière em Paris.
1954
Exposição colectiva no Salon des Indépendants, em Paris.
Publicação do livro de poemas *Palavras Nocturnas*. Imprensa Portuguesa, Porto.
1962-1967
Directora da livraria l'Atome em Paris, especializada em Ficção Científica e Fantástico.
1966
Publicação do livro de poemas *O Rosto Deserto* [edição bilingue]. Sociedade Gráfica Batalha, Lisboa.

1970
Convidada pela RFA a participar num Congresso Mundial de Ficção Científica, torna-se um dos membros fundadores do Comitê Europeu de Ficção Científica como representante de Portugal.
1971-1977
Co-directora, com Natália Correia, do restaurante lisboeta O Botequim.
1971
Publica uma *Anthologie de la Poésie Portugaise*. Editions Gallimard, Paris.
1972
Encomenda busto de Eça de Queirós.
1973
Colabora na revista *Phases*, em Paris.
Exposição individual de escultura na Galeria São Mamede, Lisboa.
1975-1976
Participa em exposições colectivas.
1976
Publica o livro de poemas *Le Livre du Tigre* [em francês]. Édition de l'Auteur, impresso na Tipografia Henrique Torres, Lisboa. O livro traz desenhos de Cruzeiro Seixas.
Publica a antologia *O Sexo na Moderna Ficção Científica*. Edições Afrodite, Lisboa.
1976-1978
Trabalha como tradutora para o Secretário de Estado da Cultura e para o Instituto Português de Cinema em Lisboa.
1977
Organiza duas exposições sobre o tema "A Arte na Ficção Científica", em Lisboa e no Porto.
1979-1980
Directora artística da Galerie Orion, em Paris.
1982
Tradução de *Os Subterrâneos da Liberdade*, de Jorge Amado [2 volumes]. Edições Messidor, Paris.

1984
Exposição individual na Galeria Roma e Pavia, Porto.
Exposição com Artur de Cruzeiro Seixas na Galeria Leo, Lisboa.
1985
Tradução de *Terras do Sem Fim*, de Jorge Amado. Edições Messidor, Paris.
1986
Exposição colectiva na Galeria du Prévot, Paris.
Tradução de *São Jorge dos Ilhéus*, de Jorge Amado. Edições Messidor, Paris.
1987
Participação a uma exposição colectiva na Galeria Leo, Lisboa.
1988
Tradução de *ABC de Castro Alves*, de Jorge Amado. Edições Messidor, Paris.
Exposição individual na Galeria da Caixa Geral dos Depósitos, Paris.
1989
Tradução de *Bahia de Todos os Santos*, de Jorge Amado. Edições Messidor, Paris.
1991
Tradução dos livros *Cascalho*, de Herberto Sales (Edições Messidor, Paris); *Contos do Mal Errante*, de Gabriela Llansol (Edições Anne-Marie Métailié, Paris); e *O Movimento Neo-realista em Portugal na sua Primeira Fase*, de Alexandre Pinheiro Torres (Edição Sagres-Europa, Bruxelles).
1992
Exposição individual na Galeria Leo, Lisboa.
Participação a uma exposição colectiva na galeria Leo, Lisboa.
1994
Tradução da antologia *Labyrinthe du Chant*, de Mário Cesariny de Vasconcelos. Edição l'Escampette, Bordeaux.

1995
Exposição colectiva na estação de Marne-la-Vallée-Chessy, Paris.
Tradução de uma antologia de José Régio, *Le Fertile Désespoir*. Edição l'Escampette, Bordeaux.
1996
Ganha o prêmio de tradução de poesia portuguesa da Fundação Calouste Gulbenkian.
Exposição com Artur de Cruzeiro Seixas na Galeria São Mamede, Lisboa.
1997
Publica o poema "Est-ce la paix, est-ce la Guerre?". Edição Lumière Noire, Montreal, Canadá.
1998
Tradução da *Anthologie Bilingue de la Poésie Brésilienne* [org. por Renata Pallottini]. Edição Michel Chandeigne, Paris.
2000
Tradução e organização de uma Antologia de Vitorino Nemésio, *La Voyelle Promise et autres poèmes*. Edição l'Escampette, Bordeaux.
Tradução colectiva de *18 + 1 Poètes Contemporains de Langue Portugaise*. Edição Instituto Camões/Chandeigne, Paris.
Reedição de *Le Livre du Tigre*. Edição Geneviève Pastre, Paris.
Publicação de *Poemas* [bilingue, tradução de Ana Forcada]. Edición Menu, Cuenca, Espanha.
2001
Publicação de Palavras Nocturnas [bilíngüe, tradução de Perfecto E. Cuadrado]. Espacio/Espacio Escrito, Espanha.
Exposição Consulado-Geral Português em Paris.
Compilação da obra poética completa de Cruzeiro Seixas [volumes 1 e 2]. Quasi Edições.
Exposição Centre Cultural de Pontault-Combault.

2004
Exposição "Chiméres", uma homenagem a Isabel Meyrelles [organizada pela Universidade de Paris 8 e pelo Centro de pesquisa sobre o surrealismo (Universidade de Paris III Sorbonne Nova). Centro cultural Calouste Gulbenkian.
Exposição colectiva em Figueira da Foz.
Compilação do terceiro volume da obra poética completa de Cruzeiro Seixas. Quasi Edições.
Exposição Galeria São Mamede, Lisboa.
Retrospectiva na Fundação Cupertino de Miranda de Famalicão.
Publicação do livro *Poesia*. Quasi Edições.
Exposição colectiva ao Consulado de Portugal em Paris.
2005
Medalha do Mérito dourada de Matosinhos.
Lançamento do livro *Poesia* na FNAC de Lisboa.
Medalha do Mérito das Comunidades Portuguesas.

Impresso em São Paulo, SP, em novembro de 2006,
com miolo em Offset 75 g/m²,
nas oficinas da Palas Athena.
Composto em Caecilia Light.

Não encontrando esta publicação nas livrarias,
solicite-a diretamente à editora.

Escrituras Editora e Distribuidora de Livros Ltda.
Rua Maestro Callia, 123
04012-100 – Vila Mariana – São Paulo, SP
Tel.: (11) 5082-4190
escrituras@escrituras.com.br (Administrativo)
vendas@escrituras.com.br (Vendas)
imprensa@escrituras.com.br (Imprensa)
http://www.escrituras.com.br